四川省地方标准

# 高速公路沥青路面设计与施工技术指南

**Specifications for design and construction of asphalt pavement of expressway**

**DB 51/T 2602—2019**

主编单位:四川省公路规划勘察设计研究院有限公司
批准部门:四川省市场监督管理局
实施日期:2019 年 09 月 01 日

人民交通出版社股份有限公司

**图书在版编目(CIP)数据**

高速公路沥青路面设计与施工技术指南 / 四川省公路规划勘察设计研究院有限公司主编. — 北京 : 人民交通出版社股份有限公司, 2019.12

ISBN 978-7-114-16108-7

Ⅰ. ①高… Ⅱ. ①四… Ⅲ. ①高速公路—沥青路面—路面设计—四川—指南②高速公路—沥青路面—道路施工—四川—指南 Ⅳ. ①U416.217-62

中国版本图书馆 CIP 数据核字(2019)第 279488 号

**书　　名**: 高速公路沥青路面设计与施工技术指南
**著 作 者**: 四川省公路规划勘察设计研究院有限公司
**责任编辑**: 黎小东
**责任校对**: 孙国靖　魏佳宁
**责任印制**: 张　凯
**出版发行**: 人民交通出版社股份有限公司
**地　　址**: (100011)北京市朝阳区安定门外外馆斜街 3 号
**网　　址**: http://www.ccpress.com.cn
**销售电话**: (010)59757973
**总 经 销**: 人民交通出版社股份有限公司发行部
**经　　销**: 各地新华书店
**印　　刷**: 北京市密东印刷有限公司
**开　　本**: 880 × 1230　1/16
**印　　张**: 2.5
**字　　数**: 65 千
**版　　次**: 2019 年 12 月　第 1 版
**印　　次**: 2019 年 12 月　第 1 次印刷
**书　　号**: ISBN 978-7-114-16108-7
**定　　价**: 50.00 元

# 目　次

# 前　言

本标准按照 GB/T 1.1—2009 给出的规则起草。

本标准由四川省交通运输厅提出并归口。

本标准由四川省市场监督管理局批准发布。

本标准起草单位:四川省公路规划勘察设计研究院有限公司。

本标准主要起草人:张蓉、张晓华、毛成、张毅、易守春、蒋双全、张光勇、孟良、谌文、罗方军、周水文、罗丝雨、王海朋、蒋庆华、苏洲。

# 高速公路沥青路面设计与施工技术指南

## 1 范围

本指南规定了高速公路沥青路面设计与施工技术的总则、设计标准、路面结构设计、桥隧段及特殊路段铺装设计、改扩建路面设计、排水设计、主要材料与施工等要求。

本指南适用于四川省内高速公路新建和改扩建工程的沥青路面设计与施工。

## 2 规范性引用文件

下列文件对于本文件的应用是必不可少的。凡是注日期的引用文件,仅注日期的版本适用于本文件。凡是不注日期的引用文件,其最新版本(包括所有的修改单)适用于本文件。

JTG B01 公路工程技术标准
JTG D20 公路路线设计规范
JTG D30 公路路基设计规范
JTG/T D33 公路排水设计规范
JTG D50 公路沥青路面设计规范
JTG D40 公路水泥混凝土路面设计规范
JTG 3370.1 公路隧道设计规范 第一册 土建工程
JTG/T 70 公路隧道设计细则
JTG/T 3364-02 公路钢桥面铺装设计与施工技术规范
JTG/T F20 公路路面基层施工技术细则
JTG/T F30 公路水泥混凝土路面施工技术细则
JTG F40 公路沥青路面施工技术规范
JTG/T 5521 公路沥青路面再生技术规范
JTG E20 公路工程沥青及沥青混合料试验规程
JTG E42 公路工程集料试验规程
JTG E60 公路路基路面现场测试规程
JTG/T D31-06 季节性冻土地区公路设计与施工技术规范
JTG F80/1 公路工程质量检验评定标准 第一册 土建工程
公路工程基本建设项目设计文件编制办法(交公路发〔2007〕358 号)
DB 51/T 2603 高速公路沥青路面养护设计指南

## 3 术语和符号

### 3.1 术语

#### 3.1.1

**可靠度 reliability**

路面结构在规定时间内和规定的条件下,满足预定功能的概率。要求设计结构达到的可靠度称为目标可靠度。

3.1.2

**低温开裂指数　low temperature crack index**

表征沥青面层低温收缩开裂程度的指标。

3.1.3

**桥隧间短路基段　short section connecting bridge and tunnel**

桥梁与桥梁、桥梁与隧道或隧道与隧道结构物间小于100m的路基段。

3.1.4

**路基改善层　subgrade reinforced layer**

为提高路基顶面回弹模量或改善路基湿度状态而设置的粒料层或无机结合料稳定层。

3.1.5

**排水层　drainage layer**

排除路面结构内部水的功能层。

3.1.6

**防冻层　frost protection layer**

季节性冻土区的路面结构中按防冻要求所设置的功能层。

3.1.7

**桥面铺装水泥混凝土整平层　bridge deck pavement leveling layer**

混凝土主梁与沥青混凝土面层之间的水泥混凝土调平结构层。

3.1.8

**温拌沥青混合料　warm-mix asphalt**

通过掺入添加剂及采取一定的技术措施，使沥青混合料的拌和、碾压温度比同类热拌沥青混合料降低20℃及以上，且路用性能不低于同类热拌沥青混合料。

3.1.9

**精铣刨　fine milling**

采用相邻两个铣刨刀具的垂直投影之间的刀尖间距不大于8mm，每个铣刨圆截面有180°对称分布的两个刀头的铣刨鼓对路面进行的铣刨作业。

3.1.10

**高弹改性沥青　high elastic recovery modified asphalt**

掺加高黏添加剂制成的改性沥青结合料，从而提高沥青的绝对黏度，提高沥青混合料高温稳定性、水稳定性和抗飞散、耐疲劳等多种路用性能。

3.1.11

**排水抗滑沥青混合料　permeable friction course**

在排水路面结构中，路表水可从内部向两侧排出路面，可减少雨天水雾、提高抗滑能力的多孔沥青混合料。是大孔隙开级配式沥青磨耗层，如PFC、PEM、OGFC、PA等之略语。

## 3.2　符号

CI——低温开裂指数；

SBS——苯乙烯-丁二烯-苯乙烯嵌段共聚物；

SBR——苯乙烯-丁二烯共聚物；

PG——沥青路用性能分级；

AC——密级配沥青混合料；

AC-C——密级配粗型沥青混合料；

SMA——沥青玛蹄脂碎石混合料；

PFC——排水抗滑沥青混合料；
ARSMA——橡胶沥青玛蹄脂碎石混合料；
ATB——密级配沥青稳定碎石；
Sup——高性能沥青混合料。

## 4 总则

4.1 为适应四川省高速公路建设发展的需要，提高沥青路面的设计水平和施工质量，延长路面使用寿命，促进沥青路面设计和施工的制度化、科学化和规范化，编制本指南。

4.2 设计原则包括：

a) 应在调查掌握沿线路基土质和干湿类型的基础上，进行路基路面综合设计。
b) 根据路面使用性能要求和所需承担的交通荷载，遵循因地制宜、合理选材的原则，选择安全可靠、耐久和全寿命周期内经济合理的路面结构和材料设计指标。
c) 改扩建时应遵循利用与改造相结合的原则，合理、充分利用既有路面结构和材料。
d) 结合当地条件和工程经验，积极稳妥地选用新技术、新结构、新材料和新工艺。

4.3 施工原则包括：

a) 应严格遵守国家和行业的安全生产法律、法规，改善施工条件，落实安全生产措施，确保施工人员的安全。
b) 应执行施工标准化的有关规定，制订切实可行的施工组织方案，并保证合理的施工工期，统筹合理安排各项作业顺序，采取有效措施避免路面层间污染。
c) 无机结合料稳定材料施工期的日最低气温应在5℃以上，在有冰冻的地区应在第一次重冰冻到来的15～30d之前完成施工。沥青面层不得在气温低于10℃，以及雨天、路面潮湿的情况下施工，沥青表面层不宜在夜间施工。

4.4 设计和施工应符合国家环境和生态保护、职业健康等的有关规定。

4.5 沥青路面设计和施工除应符合本指南的规定外，尚应符合国家、行业现行有关标准、规范的规定。

## 5 设计标准

### 5.1 目标可靠度及设计使用年限

5.1.1 高速公路沥青路面结构的目标可靠度不应低于95%，目标可靠指标$\beta$不应低于1.65。

5.1.2 新建高速公路及改扩建拓宽新建部分的沥青路面结构设计使用年限不应低于15年，既有路面结构利用部分宜根据工程实际情况确定适宜的设计使用年限，不宜低于10年。

### 5.2 标准轴载及交通荷载

标准轴载的参数、交通荷载参数分析及设计交通荷载分级标准，应符合《公路沥青路面设计规范》(JTG D50)的有关规定。

### 5.3 沥青路面使用性能气候分区

5.3.1 根据不同地区气候特点，细分了四川省沥青路面使用性能气候分区(参见本指南附录A)。

5.3.2 路面设计时，应考虑项目沿线的气温、降雨量、地质，以及路线线形等特点，合理选择技术指标。

### 5.4 结构设计指标

5.4.1 路面结构应根据结构组合进行验算，设计指标应符合表1的相关规定。

**表1　不同结构组合路面的设计指标**

<table>
<tr><th>序号</th><th>基层类型</th><th>底基层类型</th><th>设计指标[a]</th></tr>
<tr><td rowspan="2">1</td><td rowspan="2">无机结合料稳定类</td><td>粒料类</td><td rowspan="2">无机结合料稳定层层底拉应力、沥青混合料层永久变形量</td></tr>
<tr><td>无机结合料稳定类</td></tr>
<tr><td rowspan="2">2</td><td rowspan="2">沥青混合料类</td><td>粒料类</td><td>沥青混合料层层底拉应变、沥青混合料层永久变形量、路基顶面竖向压应变</td></tr>
<tr><td>无机结合料稳定类</td><td>沥青混合料层层底拉应变、沥青混合料层永久变形量、无机结合料稳定层层底拉应力</td></tr>
<tr><td rowspan="2">3</td><td rowspan="2">粒料类[b]</td><td>粒料类</td><td>沥青混合料层层底拉应变、沥青混合料层永久变形量、路基顶面竖向压应变</td></tr>
<tr><td>无机结合料稳定类</td><td>沥青混合料层层底拉应变、沥青混合料层永久变形量、无机结合料稳定层层底拉应力</td></tr>
<tr><td>4</td><td>刚性类[c]</td><td>—</td><td>沥青混合料层永久变形量</td></tr>
<tr><td colspan="4">[a] 季节性冻土地区应增加沥青面层低温开裂验算和防冻厚度验算。<br>[b] 在沥青混合料层与无机结合料稳定层间设置粒料层时，应验算沥青混合料层疲劳开裂寿命。<br>[c] 刚性基层应按《公路水泥混凝土路面设计规范》(JTG D40)设计。</td></tr>
</table>

5.4.2　路面使用性能设计指标应符合表2的要求。

**表2　路面使用性能设计指标**

<table>
<tr><th>序号</th><th colspan="2">设计指标</th><th>指标要求</th><th>备注</th></tr>
<tr><td>1</td><td colspan="2">疲劳性能</td><td>沥青混合料层和无机结合料稳定层的疲劳开裂寿命均不应小于设计使用年限内当量设计轴载累计作用次数</td><td>—</td></tr>
<tr><td>2</td><td rowspan="4">容许永久变形</td><td rowspan="3">沥青混合料层</td><td>不大于15mm</td><td>无机结合料稳定类基层、水泥混凝土基层和底基层为无机结合料稳定类的沥青混合料基层</td></tr>
<tr><td>3</td><td>不大于10mm</td><td>其他类型基层</td></tr>
<tr><td>4</td><td>综合贯入强度满足要求</td><td>1-4气温分区宜进行贯入强度验算</td></tr>
<tr><td>5</td><td>路基</td><td>顶面竖向压应变不应大于容许值</td><td>路基顶面容许压应变按《公路沥青路面设计规范》(JTG D50)附录B.4计算</td></tr>
<tr><td>6</td><td colspan="2">低温开裂指数CI[a]</td><td>不宜大于3</td><td>川西季节性冻土区</td></tr>
<tr><td colspan="5">[a] 低温开裂指数CI是路面竣工时的验收标准，只计入路面低温缩裂产生的裂缝，不包含反射裂缝和纵向裂缝，指竣工验收时100m调查单元内横向裂缝条数，贯穿整个半幅的裂缝按1条计，未贯穿且长度超过一个车道宽度的裂缝按0.5条计，不超过一个车道宽度的裂缝不计入。</td></tr>
</table>

### 5.5 沥青路面技术指标

5.5.1 沥青路面应满足平整、抗滑、耐久的要求,并具备良好的高温稳定性、低温抗裂性能和抗水损害能力。

5.5.2 路面在交工验收时,抗滑技术指标应满足表3的要求。

表3 抗滑技术要求

| 年平均降雨量(mm) | 横向力系数 $SFC_{60}$ | 构造深度 TD[a](mm) | |
|---|---|---|---|
| | | SMA-13[b] | 其他[c] |
| >1000 | ≥54 | 0.8~1.1 | ≥0.55 |
| 500~1000 | ≥50 | | ≥0.50 |
| <500 | ≥45 | | ≥0.45 |

[a] 构造深度 TD 采用铺砂法或激光构造深度仪测定。

[b] SMA 抗滑性能宜结合 $SFC_{60}$ 和构造深度综合确定。

[c] PFC 排水抗滑沥青混合料除外。

## 6 路面结构设计

### 6.1 一般规定

6.1.1 应遵循路基路面综合设计理念,经多方案技术经济比选,重视全寿命周期分析,保证路面结构的安全、耐久和经济合理。

6.1.2 路面结构组合设计包括路面结构层的材料、厚度的选择及功能层的设置等。应注重路面功能设计与结构性能设计相协调,提高路面使用性能和耐久性。

6.1.3 应加强路基改善层、透层、下封层及黏层等功能层设计。

### 6.2 结构组合要求

6.2.1 各结构层的力学特性及材料组成性质应满足各自的功能需求。

6.2.2 各结构的性能应协同作用,使整个路面结构体系的性能和寿命达到均衡状态。

6.2.3 应采取措施疏导和排除渗入路面结构内部自由水,增强抗冲刷能力。

6.2.4 在设计使用年限内,路面不应发生由于疲劳导致的结构破坏,面层可进行表面功能性修复。

### 6.3 路基

6.3.1 路基应具有足够的强度、稳定性和耐久性,符合《公路路基设计规范》(JTG D30)的有关要求。

6.3.2 新建公路路床应处于干燥或中湿状态,应加强填挖交界处及路堑段的排水设计,改善路基水文状况。

6.3.3 重及以上交通荷载等级的高速公路的路基应全断面设置改善层,宜采用级配碎石粒料类材料,厚度宜为150~200mm;沥青路面使用性能气候分区为1-4-1a及2-4-1a时,可采用无机结合料稳定材料。当路基填料为粒料时,可不设置改善层。

6.3.4 路基回弹模量应符合以下要求:

a) 路基以路床顶面回弹模量为设计指标,在路面结构设计中,应为考虑了干湿与冻融循环的平衡湿度状态下的路基顶面回弹模量,其值按式(1)确定,并应满足式(2)的要求。

$$E_0 = K_S K_\eta M_R \quad (1)$$

$$E_0 \geqslant [E_0] \quad (2)$$

式中：$E_0$——平衡湿度状态下并考虑干湿与冻融循环作用后的路基回弹模量设计值(MPa)；

$[E_0]$——路面结构设计的路基顶面回弹模量容许值；

$M_R$——最佳含水率和最大干密度标准状态下路基填料的回弹模量值；

$K_S$——路基回弹模量的湿度调整系数，为平衡含水率状态下的回弹模量与标准状态下的回弹模量之比；

$K_\eta$——干湿循环或冻融循环条件下路基填料的回弹模量折减系数。

b) 路基标准状态下路基顶面回弹模量 $M_R$ 按《公路路基设计规范》(JTG D30)的附录A"路基土动态回弹模量标准试验方法"通过试验获得。受试验条件限制时，可根据土组类型及粒料类型分别按附录C.1查取标准状态下回弹模量参考值。初步设计阶段也可由填料的CBR值按式(3)、式(4)估算标准状态下路基填料的回弹模量。

$$M_R = 17.6\mathrm{CBR}^{0.64} \quad (2 < \mathrm{CBR} \leqslant 12) \quad (3)$$

$$M_R = 22.1\mathrm{CBR}^{0.55} \quad (12 < \mathrm{CBR} < 80) \quad (4)$$

c) 路基回弹模量湿度调整系数 $K_S$ 的确定应符合附录C.2的有关规定。

d) 干湿循环或冻融循环条件下路基填料的回弹模量折减系数 $K_\eta$ 的确定符合附录C.3的有关规定。

e) 路面结构设计的路基顶面回弹模量容许值 $[E_0]$ 应符合表4的规定。

**表4 路基顶面回弹模量容许值 $[E_0]$**

| 指　　标 | 交通荷载等级 | | | |
|---|---|---|---|---|
| | 极重 | 特重 | 重 | 中、轻 |
| 回弹模量容许值 $[E_0]$(MPa)，不小于 | 70 | 60 | 50 | 40 |

## 6.4 基层和底基层

**6.4.1** 基层和底基层应具有足够的强度和稳定性、较小的干缩和温缩变形，以及较强的抗冲刷能力。

**6.4.2** 基层和底基层应根据交通荷载等级，结合气候环境、水文状况、路基条件及施工水平等综合确定；常用基层和底基层及适用结构层符合表5的要求。

**表5 路面结构层材料组合选择**

| 常用材料类型 | | 适用层位 | 适用交通荷载等级及路段 |
|---|---|---|---|
| 柔性基层 | 级配碎石 | 基层、底基层 | 重及以下交通荷载等级 |
| | 沥青结合料稳定层 | | 各种交通荷载等级 |
| 水泥稳定碎石 | | 基层、底基层 | 各种交通荷载等级 |
| 水泥混凝土类 | | 基层、底基层 | 各种交通荷载等级，宜用于隧道或局部水泥稳定碎石不易实施路段 |

a) 水泥稳定碎石单层成型后厚度不应小于180mm，不宜大于300mm，设计厚度和施工分层厚度应与施工设备性能相匹配，充分考虑施工碾压的特性。

b) 贫混凝土单层厚度，底基层不应小于120mm，基层不宜小于180mm。

c) 混凝土基层厚度不宜小于240mm。

6.4.3 水泥稳定碎石基层与沥青面层间可设置级配碎石、沥青稳定碎石层。

## 6.5 面层

6.5.1 沥青面层应具有平整、抗车辙、抗疲劳、抗开裂和抗水损害等性能,表面层尚应具有抗滑和耐磨耗性能;常用沥青面层材料类型及适用结构层符合表6的要求。

**表6 路面结构层材料选择**

| 常用材料类型 | 适用层位 |
|---|---|
| AC-C 型沥青混合料 | 面层各结构层 |
| Sup 型沥青混合料 | 面层各结构层 |
| SMA 型沥青混合料 | 表面层 |
| PFC 型沥青混合料[a] | 表面层或中面层 |
| ATB 型沥青混合料 | 下面层或基层 |
| [a] 采用 PFC 型沥青混合料时,应加强路面结构内部排水设计,完善排水设施。 | |

6.5.2 表面层可采用 SMA、AC-C、PFC 及 Sup;中及以上交通荷载等级高速公路宜采用 SMA;年均降雨量大于 500mm 或对降低噪声有需求的地区可采用 PFC;PFC 用于交通荷载等级为极重或冰冻地区时应进行专项论证;沥青中、下面层,或至少沥青下面层,宜采用密实型沥青混合料。

6.5.3 不同粒径沥青混合料的层厚应符合表7的规定,最大施工厚度应与摊铺、碾压设备相匹配,确保压实度。

**表7 不同粒径沥青混合料层厚**

| 沥青混合料类型 | 以下集料公称最大粒径(mm)沥青混合料的层厚(mm),不小于 | | | | | |
|---|---|---|---|---|---|---|
| | 4.75 | 9.5 | 13.2 | 16 | 19 | 26.5 |
| 连续密实级配 | 15 | 25 | 35 | 40 | 50 | 75 |
| 间断密实级配 | — | 30 | 40 | 50 | 60 | — |
| 间断空隙级配 | — | 20 | 25 | 30 | — | — |

6.5.4 表面层和中面层应采用改性沥青,PFC 应采用高弹改性沥青。

6.5.5 为延长施工时间,或在环境敏感地区施工,或工程对节能减排有特殊要求时,可采用温拌技术;温拌沥青混合料的路用性能不应低于同种类型普通热拌沥青混合料,施工温度比同种普通热拌沥青混合料低 20℃及以上。

## 6.6 功能层

6.6.1 季节性冻土地区路面结构厚度应满足防冻需求,否则应增设防冻层,防冻层宜采用级配碎石。

6.6.2 无机结合料基层或级配碎石基层顶面应设置渗透性好的透层,透层油宜采用乳化沥青。

6.6.3 各沥青层间应设置改性乳化沥青黏层油。

6.6.4 无机结合料基层顶面应设置下封层,中及以上交通荷载等级宜采用 SBS 改性沥青或橡胶改性沥青同步碎石封层;轻交通荷载等级可采用普通热沥青同步碎石封层、改性乳化沥青稀浆封层等。

6.6.5 刚性基层、桥梁水泥混凝土整平层,以及隧道水泥混凝土基层顶面宜采用喷砂打毛,也可采用精铣刨等措施,清除表面浮浆,在干净、干燥、粗糙基面上再铺设防水黏结层,可采用改性沥青同步碎石封层,也可采用专用防水黏结层。

## 6.7 典型结构

6.7.1 半刚性结构应符合以下要求：

a) 沥青混凝土面层总厚度不应小于150mm，水泥稳定碎石基层及底基层总厚度不应小于500mm。

b) 表面层宜采用细粒式沥青混合料，中面层采用中粒式沥青混合料，下面层采用中粒式或粗粒式沥青混合料。

c) 半刚性路面典型结构见表8。

**表8 半刚性路面典型结构**

| 项目 | 典型结构Ⅰ-1[a] | 典型结构Ⅰ-2 | 典型结构Ⅰ-3 |
|---|---|---|---|
| 交通荷载等级 | 特重及极重 | 重 | 中、轻 |
| 面层 | 不小于180mm沥青混合料 | 160～180mm沥青混合料 | 150～180mm沥青混合料 |
| 基层 | 不小于400mm水泥稳定碎石 | 200～400mm水泥稳定碎石 | 不小于250mm水泥稳定碎石 |
| 底基层 | 200～400mm水泥稳定碎石 | 200～400mm水泥稳定碎石 | 不小于250mm水泥稳定碎石 |
| 路基改善层 | 150～200mm级配碎石<br>或水泥稳定碎石 | 150～200mm级配碎石<br>或水泥稳定碎石 | 150mm级配碎石<br>或水泥稳定碎石 |
| 路基回弹模量容许值[$E_0$]（MPa） | 不小于60(70) | 不小于50 | 不小于40 |

[a] 极重交通荷载等级路基回弹模量不应小于70MPa。

6.7.2 柔性结构应符合以下要求：

a) 采用级配碎石作为基层的沥青面层厚度不应小于240mm。

b) 级配碎石成型后单层厚度不应小于120mm，宜为120～150mm；沥青结合料基层宜采用密级配沥青稳定碎石。

c) 应重视路基设计，具有足够的承载能力。

d) 柔性基层沥青路面典型结构见表9。

**表9 柔性基层沥青路面典型结构**

| 项目 | 典型结构Ⅱ-1 | 典型结构Ⅱ-2 | 典型结构Ⅱ-3[a] |
|---|---|---|---|
| 交通荷载等级 | 特重及极重 | 重 | 中、轻 |
| 面层[b] | 160～180mm沥青混合料 | 100～120mm沥青混合料 | 100～120mm沥青混合料 |
| 基层 | 140～180mm沥青稳定碎石 | 160～180mm沥青稳定碎石 | 140～160mm沥青稳定碎石 |
| 底基层 | 500～600mm水泥稳定碎石 | 400～500mm水泥稳定碎石 | 300～400mm级配碎石 |
| 路基改善层 | — | — | 150～200mm级配碎石<br>或水泥稳定碎石 |
| 路基回弹模量容许值[$E_0$]（MPa） | 不小于120 | 不小于100 | 不小于80 |

[a] 路基改善层如采用水泥稳定碎石，则宜采用低剂量水泥稳定碎石。

[b] 面层厚度大于120mm时应分三层，小于120mm时应分两层。

6.7.3 刚性基层复合式沥青路面，沥青面层厚度不宜小于100mm。水泥混凝土类基层结构组合、接缝设计（除连续配筋混凝土外）及配筋设计应满足《公路水泥混凝土路面设计规范》（JTG D40）的有关规定。

6.7.4 为减少跳车，应在桥头搭板后缘设置刚性基层，强度等级不低于C30，长度不宜小于4m，沥青面层与路基段一致。

6.7.5 应根据交通量预测、沿线气候，结合线形等对路面结构组合进行优化，对选择的路面结构进行验算，材料设计参数和路面结构验算方法应符合《公路沥青路面设计规范》（JTG D50）的有关规定。

6.7.6 路基和路表验收弯沉应符合《公路沥青路面设计规范》（JTG D50）的有关要求。

## 7 桥隧段及特殊路段铺装设计

### 7.1 一般规定

7.1.1 特殊路段铺装应进行结构与材料一体化设计，满足特殊路况下对沥青铺装的需求。

7.1.2 应采取措施加强层间结合，避免层间滑移。

### 7.2 桥面铺装

7.2.1 水泥混凝土桥面铺装应符合以下要求：

a） 混凝土整平层应符合规定的平整度、横坡度等要求，表面严禁抹平、收光。

b） 混凝土整平层宜采用喷砂打毛去除浮浆，也可采用精铣刨清除浮浆，形成粗糙的宏观构造新鲜面，做到集料外露，构造深度不宜小于0.5mm。

c） 防水黏结层宜采用同步碎石封层，也可采用涂膜类专用防水材料等，应通过拉拔试验和剪切试验优选防水黏结层。

d） 桥面沥青铺装结构，由防水黏结层和沥青混合料铺装层组成；沥青混合料铺装层宜与两端路线的表面层、中面层一致，至少下面层应为密实型沥青混合料；沥青铺装层总厚度不宜小于80mm。

7.2.2 正交异性钢桥面板的桥面铺装应符合《公路钢桥面铺装设计与施工技术规范》（JTG/T 3364-02）有关规定及以下要求：

a） 应综合考虑桥梁结构特点、环境气候、交通荷载、施工条件、恒载限制等因素，参考类似条件的桥面铺装工程经验，进行钢桥面板结构和桥面铺装结构的一体化设计。

b） 正交异性钢桥面板的刚度应进行验算并符合其有关规定，且纵向腹板位置应避开轮迹带。

c） 桥面铺装层总厚度应满足桥梁设计的恒载要求。

d） 桥面铺装结构设计应包括铺装结构层设计和界面功能层设计，界面功能层应与铺装结构层相匹配。

e） 钢桥面铺装结构层宜采用浇注式沥青混合料、环氧沥青混合料或高性能改性沥青混合料。

f） 应加强界面功能层设计，在选择界面功能层时，应注意界面功能层与铺装结构层的匹配性。

g） 钢桥面铺装应设置专用防水黏结层。

h） 应对结构组合及材料进行专项设计。

7.2.3 针对新型桥梁结构，当沥青铺装的恒载有限制时，应进行桥面铺装的专项设计。

### 7.3 隧道铺装

7.3.1 隧道内沥青铺装除应有足够的强度、耐久性，符合路面的抗滑、耐磨及平整度等技术要求外，尚应具有较好的耐火性能，满足低噪声和防眩光等方面的要求。

7.3.2 隧道宜采用沥青混合料与水泥混凝土面板组成的复合式路面结构。水泥混凝土路面结构及材料设计应符合《公路水泥混凝土路面设计规范》(JTG D40)、《公路隧道设计规范 第一册 土建工程》(JTG 3370.1)等的有关规定。

a) 采用设置接缝的刚性基层时,应采取措施延缓接缝处裂缝反射到沥青面层。

b) 隧道沥青混合料宜采用双层式沥青面层,沥青混凝土类型宜与相邻路段相同,沥青层厚度不宜小于100mm。

c) 沥青混凝土宜采用温拌技术,长及特长隧道应采用温拌技术。

d) 表面层沥青混合料应采取添加阻燃剂等阻燃措施,氧指数应大于25。

e) 加铺沥青面层前,宜采用喷砂打毛,也可采用精铣刨去除浮浆,形成粗糙的宏观构造新鲜面,做到集料外露,构造深度不宜小于0.5mm。同时应设置同步碎石封层等防水黏结层。

f) 应采取措施防止毛细水上升至水泥混凝土面板顶面使层间黏结失效。

7.3.3 隧道出入口存在冰雪灾害隐患路段,应进行技术经济论证并采取合理措施。

### 7.4 桥隧间短路基段铺装设计

7.4.1 应采用刚性基层复合式沥青路面结构,刚性基层下应设置刚性底基层,刚性基层宜设置钢筋网,水泥混凝土路面结构及材料设计应符合7.3.2有关要求。

7.4.2 桥梁与隧道、隧道与隧道相接短路基段,可与相邻隧道路面结构一致;桥梁与桥梁相接短路基段,沥青面层可与桥梁沥青铺装一致;如施工条件容许,沥青层厚度宜与主线一致。

### 7.5 长大纵坡段沥青路面设计

7.5.1 长上坡路段面层应具有良好的抗车辙、抗剪切、抗滑能力。

7.5.2 长下坡路段面层应具有良好的抗滑性能。

7.5.3 宜结合纵坡、交通量及组成进行专项设计。

### 7.6 互通匝道及连接线沥青路面设计

7.6.1 枢纽互通匝道路面结构应与主线路面结构一致,非枢纽互通匝道路面结构沥青面层结构组合交通量大时宜与主线一致,也可与主线上、中面层一致,基层及以下结构宜与主线一致,也可根据交通量等进行专项设计。

7.6.2 与既有高速公路拼接,应结合既有高速公路路面结构、互通功能定位、交通量及施工工艺等进行合理的结构和材料设计。

7.6.3 连接线路面结构宜与相邻匝道路面结构一致,也可进行专项设计。

### 7.7 服务区沥青路面设计

应根据服务区不同功能定位,合理选择路面结构,宜专项设计。

## 8 改扩建路面设计

### 8.1 一般规定

8.1.1 应加强既有路面加铺方案与纵断面的协同设计,避免大面积开挖或低质化利用既有路面结构和材料。

8.1.2 应根据交通荷载等级、既有路面调查与评价、工程实践经验等进行结构组合和材料等多方案比选,通过技术经济分析,选定设计方案。

8.1.3 应合理利用既有路面结构和材料,并确定既有路面利用的技术方案。

8.1.4 应根据改扩建特点,对既有路面遵循“全过程动态设计”理念,以完整的施工设计图为基础,施工阶段应逐段重点对开挖后的实际状况进行跟踪、检测及分析,与设计阶段有偏差时应动态调整设计。

8.1.5 应结合工程特点和工艺需要同步进行交通组织设计,减少工程实施期间对行车干扰,且保证施工安全。

## 8.2 既有路面调查及评价

8.2.1 既有路面病害调查及评价具体内容参照《高速公路沥青路面养护设计指南》(DB 51/T 2603)执行。收集既有道路的基础资料,如路面设计及交竣工资料、历年养护资料及路面技术状况检测资料、气候条件,以及交通荷载参数等。

8.2.2 调查既有路面技术状况、结构承载能力,并对典型病害进行钻芯、探坑或雷达探测等方式,调查评价既有路面内部状况、材料性能及结构参数等。

8.2.3 调查沿线跨线桥、隧道净空,以及其他影响设计的因素。

## 8.3 拓宽路面设计

8.3.1 既有路面为沥青混凝土路面时,新拓宽路面应采用沥青路面结构,结构组合宜充分考虑与既有路面结构的搭接过渡。

8.3.2 路面结构组合及厚度验算方法,与新建高速公路相同。

8.3.3 拓宽段半刚性基层的高程宜与原路面半刚性基层高程一致,确保路面结构内部排水畅通。

## 8.4 既有路面设计

8.4.1 应根据不同路段路面状况和损坏程度等,对既有路面采用局部病害处治、整体性处理的方式或局部病害处治与整体性处理相结合的方式。当既有路面破损不严重且结构性能较好时,宜采用局部病害处治后加铺;对既有路面破损严重或结构性能不足的路段,宜根据破损程度、层位确定处理深度和范围。

8.4.2 应充分利用既有路面结构和材料,根据具体情况选择局部病害处治后直接加铺沥青面层、将既有路面铣刨至某一结构层或将既有路面就地再生后再加铺沥青面层等改建方案。

a) 既有路面采用局部病害处治,还是整体式处理,以及加铺方案的选择,应根据既有路面调查与评价结果,依据交通荷载、气候与环境因素进行多方案比选,综合确定处治方案。
b) 同一个工程项目路面采用的改建方案不宜过多,也不宜频繁交替。
c) 既有路面加铺采用的表面层类型宜与拓宽新建部分一致。
d) 桥梁铺装病害处治应满足桥梁设计的荷载,隧道路面铺装病害处治应满足隧道净空的要求。

8.4.3 加铺层以及经处治后的既有路面结构在设计年限内的使用性能应符合本指南有关要求。

8.4.4 既有路面破损不严重且结构性能较好,采用直接加铺方案或铣刨至某一结构层再加铺方案设计时,同时应对既有路面结构层和加铺层进行结构验算;既有路面破损严重或结构性能不足时,无论采用直接加铺方案还是采用铣刨至某一结构层再加铺方案,均应对加铺层进行结构验算。具体结构验算方法应符合《公路沥青路面设计规范》(JTG D50)的有关要求。

## 8.5 路面搭接设计

8.5.1 同一行车道的左右轮迹宜采用相同的路面结构,新旧路面搭接位置应避开轮迹带。

8.5.2 结合不同结构层的层间协调及施工,应对搭接处的连接、防反射裂缝控制等提出针对性措施。

8.5.3 新旧路面宜采用台阶搭接方式,各层横向搭接宽度应错开 300mm 以上,纵向搭接长度宜错开 1000mm 以上。基层顶面宜采用防裂卷材等措施延缓搭接部位反射裂缝的产生。

### 8.6 再生设计

8.6.1 既有路面铣刨或挖除的材料应再生或再利用，无法利用的材料应集中处理，严禁污染环境。

8.6.2 再生利用方式应综合考虑工程特点、技术可行性、经济合理性和施工方便性等因素论证确定。

8.6.3 宜开展实测再生材料力学性能等有关试验，验算再生路面结构的可行性。

### 8.7 交通组织设计

8.7.1 应与改扩建总体交通组织设计方案协同，协调好运营与施工的关系。

8.7.2 区域路网交通组织设计可参照改扩建总体交通组织的有关要求，对路面施工路段的交通组织应结合中央分隔带开口、互通式立交、施工特点，在不同施工阶段、不同施工路段灵活组合交通组织形式。

8.7.3 养护作业控制区布置、安全设施配置及养护安全作业应符合《公路养护安全作业规程》(JTG H30)的有关要求。

## 9 排水设计

### 9.1 一般规定

9.1.1 应做好路表、中央分隔带、路面结构内部及路面与其他结构物衔接处等综合排水设计，确保路基及路面结构内部处于干燥或中湿状态。

9.1.2 路面排水应遵循“防、堵、排、截”相结合的原则，根据降水量、路线纵坡等因素，结合路基、桥涵及隧道结构物排水设计，合理选择排水方案，布置排水设施，形成完整畅通的排水体系，并满足《公路排水设计规范》(JTG/T D33)的有关要求。

9.1.3 对地下水位较高、排水不畅以及水环境敏感区等特殊路段应采取措施完善路基路面排水系统，宜进行专项设计。

### 9.2 填方路基

9.2.1 在不影响边坡及结构物稳定性的前提下，一般路段可采用分散式排水方式，水环境水敏感区应收集并进行处理。

9.2.2 对路基设置连续实体混凝土护栏或连续支挡结构物，应采取措施确保路表水能排出路基之外。

### 9.3 挖方路基

9.3.1 当边坡潮湿或地下水出露时，应根据实际情况设置渗沟等排导设施。

9.3.2 在路面结构与排水沟壁间宜采取措施，以便排除挖方路段路面结构内部水。

### 9.4 桥面边部排水

9.4.1 应在水泥混凝土桥面铺装层或钢板上设置防水黏结层，避免外界水下渗。

9.4.2 一般路段在横坡较低侧或超高路段内侧可采用排水槽或盲沟等措施排除桥面铺装内部水：

a) 在桥面边缘预留宽度宜为100mm的排水槽，经泄水孔并进行处理后引出桥面。

b) 在边部设置碎石盲沟宽度宜为100mm，厚度与下面层一致，然后全断面铺筑上面层。

c) 在边部用带孔钢管或可耐高温的塑料盲沟，厚度与下面层一致，然后全断面铺筑上面层。

9.4.3 泄水孔设置在桥面边缘处，顶面高程应不高于桥面整平层，应与桥面边部排水系统衔接顺适，将桥面铺装内部自由水经泄水孔并进行处理后引出结构物外。

### 9.5 隧道边部排水

9.5.1 在隧道路面两侧设置排水明沟或暗沟,将水排出洞外,应注意沥青铺装层与两侧侧沟的顺适衔接,排水通畅。

9.5.2 下坡路段隧道进口应采取措施避免雨水等外界水进入隧道内。

9.5.3 隧道围岩渗水可通过路面中心排水沟或两侧侧沟排除,具体见《公路隧道设计规范 第一册 土建工程》(JTG 3370.1)等有关规定。

### 9.6 中央分隔带排水

应结合中央分隔带形式,设计完善的排水系统,避免外界水渗入路面结构或形成局部路面积水。

## 10 主要材料与施工

### 10.1 一般规定

10.1.1 路面施工应选择优质的材料和先进的设备,加强施工全过程质量控制。

10.1.2 正式施工前,各路面结构层应进行试铺,试验段长度不宜少于200m。

10.1.3 沥青、集料、水泥、矿粉、水以及外加剂等原材料技术指标应满足《公路沥青路面施工技术规范》(JTG F40)、《公路路面基层施工技术细则》(JTG/T F20)、《公路水泥混凝土路面施工技术细则》(JTG/T F30)等的有关规定。

### 10.2 级配碎石

10.2.1 集料及分档应满足《公路路面基层施工技术细则》(JTG/T F20)等的有关要求,级配碎石作为基层时宜采用石灰岩轧制集料,当石灰岩来源困难时,细集料宜采用石灰岩轧制。

10.2.2 级配碎石基层公称最大粒径不宜大于26.5mm,底基层不宜大于31.5mm,路基改善层不宜大于37.5mm。

10.2.3 级配碎石混合料组成设计应符合以下要求:

a) 级配碎石的级配范围宜采用表10;其中,A-1、A-2 宜用于基层,A-3 宜用于底基层,A-4 宜用于路基改善层。

表10 级配范围

| 筛孔尺寸(mm) | 各筛孔的通过率(%) | | | |
|---|---|---|---|---|
| | A-1 | A-2 | A-3 | A-4 |
| 37.5 | — | | | 100 |
| 31.5 | — | | 100 | 90~100 |
| 26.5 | 100 | 100 | 90~100 | |
| 19 | 79~88 | 95~100 | 70~86 | 73~88 |
| 16 | 70~82 | 82~89 | 62~79 | |
| 13.2 | 61~76 | 70~79 | 54~72 | |
| 9.5 | 49~64 | 53~63 | 42~62 | 49~69 |
| 4.75 | 30~40 | 30~40 | 25~45 | 29~54 |

表10 级配范围(续)

| 筛孔尺寸(mm) | 各筛孔的通过率(%) | | | |
|---|---|---|---|---|
| | A-1 | A-2 | A-3 | A-4 |
| 2.36 | 19～28 | 19～28 | 16～31 | 17～37 |
| 1.18 | 12～20 | 12～20 | 11～22 | |
| 0.6 | 8～14 | 8～14 | 7～15 | 8～20 |
| 0.3 | 5～10 | 5～10 | — | |
| 0.15 | 3～7 | 3～7 | — | |
| 0.075 | 2～5 | 2～5 | 2～5 | 0～7 |
| 注：液限宜不大于28%，在潮湿地区塑性指数宜小于6，其他地区宜小于9。 | | | | |

b) 用于不同交通荷载等级和结构层位的级配碎石，CBR 强度标准应满足表 11 的要求。

表11 CBR 强度标准

| 结 构 层 | 极重、特重交通 | 重交通 | 中、轻交通 |
|---|---|---|---|
| 基层 | ≥200 | ≥180 | ≥160 |
| 底基层 | ≥120 | ≥100 | ≥80 |
| 路基改善层 | ≥100 | ≥80 | ≥60 |

c) 配合比设计宜采用振动成型试验，也可采用重型击实试验方法，确定最佳含水率和最大干密度。

d) 配合比设计宜在规定的级配范围内，通过级配设计选取粗、中、细 3 个初试级配，分别进行试验，并选取 CBR 值大的级配作为设计级配，并确定相应的最佳含水率。

10.2.4 工艺流程如下：

准备下承层→施工放样→拌和→摊铺→碾压。

10.2.5 施工要点如下：

a) 下承层应满足要求，施工前应清除作业面表面的浮土、积水等。

b) 应采用集中厂拌法拌和，作为基层和底基层时应采用摊铺机摊铺混合料，路基改善层宜采用摊铺机。

c) 应严格控制各原材料含水率及拌和外加水量，采取措施降低含水率变异，如有条件摊铺前宜闷料。

d) 应采用单钢轮压路机、双钢轮压路机和轮胎压路机进行碾压，应遵循试验路段确定的程序与工艺。宜采用稳压→弱振→强振→重型轮胎稳压，压至基本无轮迹为止。强振过程中应注意避免过振，造成结构层表面松散或集料振碎现象。

e) 严禁在已完成的或正在碾压的路段上掉头和紧急制动，宜同步安排摊铺上面的路面结构层。

## 10.3 水泥稳定碎石

10.3.1 水泥、集料及水等原材料及分档应满足《公路路面基层施工技术细则》(JTG/T F20)等的有关要求。

10.3.2 水泥稳定碎石混合料组成设计应符合以下要求：

a) 水泥稳定碎石基层公称最大粒径不宜大于 26.5mm，根据材料加工及供应可放宽到 31.5mm，底基层不宜大于31.5mm。

b) 水泥稳定碎石混合料中集料的级配范围宜采用表12。

**表12 混合料中集料的级配范围**

| 通过下列方孔筛(mm)的质量百分率(%) | | | | | | | | | 液限(%) | 塑性指数 |
|---|---|---|---|---|---|---|---|---|---|---|
| 结构类型 | 31.5 | 26.5 | 19 | 9.5 | 4.75 | 2.36 | 0.6 | 0.075 | | |
| 基层 | — | 100 | 72~89 | 47~57 | 29~39 | 17~27 | 8~15 | 0~5 | <28 | <5 |
| 底基层 | 100 | — | 72~89 | 47~57 | 29~39 | 17~27 | 8~15 | 0~5 | | |
| **注**:底基层的公称最大粒径可与基层一致。 | | | | | | | | | | |

c) 确定水泥稳定碎石混合料最大干密度指标时宜采用振动压实法,也可采用重型击实成型,当采用重型击实法确定最大干密度时,宜对试验结果乘以1.02的修正系数作为标准最大干密度。强度试件应按现场压实度标准采用静压法成型试件,水泥稳定碎石混合料7d无侧限抗压强度标准值 $R_d$ 应符合表13的规定。

**表13 水泥稳定碎石混合料7d龄期无侧限抗压强度标准 $R_d$(MPa)**

| 类型 | 极重、特重交通 | 重交通 | 中、轻交通 |
|---|---|---|---|
| 基层 | 5.0~7.0 | 4.0~6.0 | 3.0~5.0 |
| 底基层 | 3.0~5.0 | 2.5~4.5 | 2.0~4.0 |

d) 水泥强度等级为32.5级或42.5级,宜采用普通硅酸盐水泥或满足《公路路面基层施工技术细则》(JTG/T F20)经试验验证符合要求的其他水泥,但不得采用早强或变质水泥,初凝时间应大于3h,终凝时间应大于6h且小于10h。可在水泥稳定材料中参加缓凝剂,但应对混合料进行试验验证,缓凝剂指标要求应符合《公路水泥混凝土路面施工技术细则》(JTG/T F30)的规定。

e) 水泥剂量不宜高于4.5%,且不宜低于3%,应采取控制原材料技术指标和优化级配设计等措施,不应单纯通过增加水泥剂量来提高混合料强度。

f) 水泥稳定碎石应按目标配合比、生产配合比的设计步骤进行混合料设计,优化级配,确定施工参数(如水泥剂量、含水率和最大干密度等)。

10.3.3 工艺流程如下:

准备下承层→施工放样→拌和→摊铺→碾压→养生。

10.3.4 施工要点如下:

a) 原材料应满足设计要求,严禁采用早强水泥或变质的水泥。

b) 应严格控制各原材料含水率及拌和外加水量,采取措施降低含水率变异。

c) 应采用集中厂拌,拌和设备产能应与摊铺能力、工作面等匹配,产量宜大于500t/h,并根据目标配合比确定的各档材料比例,对拌和设备进行调试和标定,确定合理的生产参数。

d) 水泥稳定碎石不能在初凝时间内运到工地,或预计混合料碾压完成最终的延迟时间超过水泥初凝时间,必须予以废弃。

e) 应采用摊铺机摊铺。设计层厚度和施工分层厚度,应与设备要求匹配,以全深度压实均匀及压实度质量符合设计要求,石料无明显碾压破碎为准。基层压实度不应小于98%,底基层压实度不应小于97%。

f) 应加强压实。宜采用双钢轮压路机静压1遍,接着采用重型振动压路机强振将下部碾压密实,然后弱振将上部碾压密实,再采用25t以上的重型轮胎压路机碾压,错轮不超过1/3的轮迹带宽度,最后采用双钢轮压路机碾压消除轮迹。具体碾压设备和工艺应根据试验段确定。

g) 在每天施工结束时或设备故障超过规定延迟时间处应做施工缝,施工缝接缝应保证端面垂直,严禁斜接缝。

h) 应及时采取措施对施工完毕的水泥稳定碎石层养生,养生期间严禁通车。

i) 水泥稳定碎石施工中应加强全过程施工质量控制,当需要钻芯检查整体性时,龄期宜为28d,基层芯样的完整性不宜低于90%,底基层芯样的完整性不宜低于80%。

## 10.4 刚性基层

10.4.1 刚性基层的原材料、配合比设计及质量控制等应符合《公路水泥混凝土路面施工技术细则》(JTG/T F30)、《公路路面基层施工技术细则》(JTG/T F20)、《公路水泥混凝土路面设计规范》(JTG D40)的有关要求。

10.4.2 刚性基层为连续配筋混凝土时,应重视锚固端的设计和施工。

10.4.3 含有接缝的刚性基层应重视接缝处防反射裂缝措施的材料设计和施工要求。

10.4.4 桥梁、隧道等刚性基层在施工沥青面层前应采用喷砂打毛、精铣刨等工艺对刚性基层进行处理,经处理后的刚性基层表面构造深度不宜低于0.5mm。

## 10.5 沥青混合料

10.5.1 沥青、集料、矿粉、稳定剂、抗剥落剂等原材料,以及混合料应符合《公路沥青路面施工技术规范》(JTG F40)等有关要求。

10.5.2 沥青类型、等级及指标尚应符合以下要求:

a) 项目沿线气候、交通量、线形、使用部位等选择,各指标之间应协调。

b) 沥青技术指标应满足《公路沥青路面施工技术规范》(JTG F40),尚应符合沥青路用性能PG分级要求,沥青选择及指标要求参见附录B,再根据工程情况和当地工程经验等综合确定。

c) 用于PFC的高弹改性沥青技术指标应不低于《公路沥青路面施工技术规范》(JTG F40)及本指南附录B.2.3的要求。

10.5.3 集料尚应满足以下要求:

a) 集料的压碎值、磨耗值,对表面层还应包括磨光值,经过200℃恒温6h高温处理后应满足要求。

b) 沥青玛蹄脂碎石SMA和开级配沥青混合料PFC粗集料指标宜满足表14的要求。

**表14 SMA和PFC粗集料针片状颗粒含量**

| 指标 | | 要求 | 试验方法 |
|---|---|---|---|
| 针片状颗粒含量(%) | 粗集料 | 不大于10 | T 0312 |
| | 粒径大于9.5mm部分 | 不大于8 | |
| | 粒径小于9.5mm部分 | 不大于12 | |

c) 表面层集料与沥青的黏附性不应低于5级,其他面层不应低于4级,否则应采用抗剥落材料改善。

d) 用于温拌沥青混合料的集料含水率不宜大于3%。

e) 季冻区粗集料选用的石料的单轴抗压强度不应低于80MPa,坚固性不应大于10%。

f) 表面层用细集料应分0~3mm及3~5mm两档,应采用冲击式破碎机等专用设备生产的机制砂,生产机制砂过程中应配置有效的除尘装置,使0.075通过率小于10%。

10.5.4 沥青混合料用稳定剂及抗剥落剂等尚应满足以下要求：

a) 作为沥青混合料稳定剂使用的纤维，宜采用原木浆生产的絮状木质素纤维，如采用其他纤维应进行沥青混合料析漏及拌和分散均匀性及性能验证。

b) 抗剥落剂可采用消石灰、水泥，也可采用耐热的、具有良好长期性能的其他类型抗剥落剂。

c) 温拌剂应不影响沥青及沥青混合料的使用性能，宜使生产温度比热拌混合料降低 20℃ 及以上，温拌沥青混合料性能应不低于热拌沥青混合料。

10.5.5 沥青混合料尚宜符合以下要求：

a) 沥青混合料工程级配范围可参照表 15 的要求。

**表 15 常用沥青混合料级配范围**

| 级配类型 | 通过各个筛孔（mm）的质量百分率（%） | | | | | | | | | | | | |
|---|---|---|---|---|---|---|---|---|---|---|---|---|---|
| | 31.5 | 26.0 | 19.0 | 16.0 | 13.2 | 9.5 | 4.75 | 2.36 | 1.18 | 0.6 | 0.3 | 0.15 | 0.075 |
| SMA-10 | | | | | 100 | 90～100 | 28～60 | 20～32 | 14～26 | 12～22 | 10～18 | 9～16 | 8～13 |
| SMA-13 | | | | 100 | 90～100 | 50～75 | 20～34 | 15～26 | 14～24 | 12～20 | 10～16 | 9～15 | 8～12 |
| AC-13C | | | | 100 | 90～100 | 60～80 | 30～53 | 20～40 | 15～30 | 10～23 | 7～18 | 5～12 | 4～8 |
| PFC-13 | | | | 100 | 90～100 | 40～71 | 10～30 | 9～20 | 7～17 | 6～14 | 5～12 | 4～9 | 3～7 |
| PFC-10 | | | | | 100 | 80～100 | 8～28 | 5～15 | 5～12 | 4～10 | 4～9 | 4～8 | 3～6 |
| ARSMA-13 | | | | 100 | 95～100 | 62～71 | 25～35 | 20～28 | 15～23 | 12～19 | 10～15 | 8～12 | 6～10 |
| AC-20C | | 100 | 90～100 | 74～90 | 62～82 | 50～70 | 32～46 | 22～36 | 16～28 | 10～22 | 6～16 | 4～12 | 3～7 |
| AC-25C | 100 | 90～100 | 70～90 | 60～82 | 51～73 | 40～65 | 24～48 | 14～32 | 10～24 | 7～18 | 6～14 | 4～10 | 3～7 |
| ATB-25 | 100 | 90～100 | 60～80 | 48～68 | 42～62 | 32～52 | 20～40 | 15～32 | 10～25 | 8～18 | 5～14 | 3～10 | 2～6 |

b) 改性沥青玛蹄脂碎石 SMA 和排水沥青混合料 PFC 的马歇尔试验配合比技术指标宜分别参照表 16、表 17 的要求。

**表 16 SMA 标准马歇尔试验配合比技术要求**

| 试验项目 | SMA-13 | 试验方法 |
|---|---|---|
| 击实次数（次） | 双面各击 75 | T 0702 |
| 空隙率（%） | 3～4 | T 0705 |
| 矿料间隙率 VMA（%） | ≥16.5 | T 0705 |
| 粗集料骨架间隙率 $VCA_{mix}$ | ≤$VCA_{DRC}$ | T 0705 |
| 沥青饱和度 VFA（%） | 75～85 | T 0705 |
| 稳定度（kN） | ≥6.0 | T 0709 |
| 流值（0.1mm） | — | T 0709 |
| 谢伦堡沥青析漏试验结合料损失（%） | ≤0.1 | T 0732 |
| 肯塔堡沥青混合料浸水飞散试验混合料损失（20℃）（%） | ≤15 | T 0733 |

**表 16　SMA 标准马歇尔试验配合比技术要求(续)**

| 试 验 项 目 | SMA-13 | 试 验 方 法 |
|---|---|---|
| 残留马歇尔稳定度(48h)(%) | ≥85 | T 0709 |
| 冻融劈裂强度比(%) | ≥80 | T 0729 |
| 渗水系数(mL/min) | ≤80 | T 0730 |
| 构造深度(mm) | 0.8～1.1 | T 0731 |
| 路面空隙率(%) | ≤6 | T 0705 |

**表 17　PFC 标准马歇尔试验配合比技术要求**

| 试 验 项 目 | PFC-13 | 试 验 方 法 |
|---|---|---|
| 击实次数(次) | 双面各击 50 | T 0702 |
| 空隙率(%) | 18～25 | T 0708 |
| 稳定度(kN) | ≥5.0 | T 0709 |
| 流值(0.1mm) | — | T 0709 |
| 残留马歇尔稳定度(48h)(%) | ≥85 | T 0709 |
| 冻融劈裂强度比(%) | ≥80 | T 0729 |
| 谢伦堡沥青析漏试验结合料损失(%) | ≤0.8 | T 0732 |
| 肯塔堡沥青混合料飞散试验混合料损失(20℃)(%) | ≤15 | T 0733 |
| 渗水系数(车辙板)(mL/min) | ≥5000 | T 0730 |

c)　季冻区沥青混合料 5 次冻融循环后的劈裂强度比应大于 70%。

d)　沥青混合料应在规定的试验条件下进行车辙试验,动稳定度应满足表 18 的要求。

**表 18　沥青混合料车辙试验动稳定度技术要求**

| 气候条件与技术指标 | 相应于下列气候分区所要求的 60℃ 动稳定度(次/mm) | | | | | 试 验 方 法 |
|---|---|---|---|---|---|---|
| 7 月、8 月平均最高气温(℃)及气候分区 | >30 | 20～30 | | | <20 | |
| | 1. 夏炎热区 | 2. 夏热区 | | | 3. 夏凉区 | |
| | 1-4 | 2-2 | 2-3 | 2-4 | 3-2 | |
| 普通沥青混合料,不小于 | 1000 | 800 | | | 600 | T 0719 |
| 改性沥青混合料,不小于 | 3200 | 2400 | | | 1800 | |
| 改性沥青玛蹄脂碎石 SMA,不小于 | 5000 | 4000 | | | 3000 | |
| 改性 PFC,不小于 | 4000 | 3000 | | | — | |

e)　公称最大粒径不大于 19mm 的沥青混合料,宜在温度为 -10℃、加载速率为 50mm/min 条件下进行小梁弯曲试验,沥青混合料破坏应变应满足表 19 的要求。

**表 19 沥青混合料低温弯曲试验破坏应变技术要求**

<table>
<tr><td>气候条件与技术指标</td><td colspan="5">相应于下列气候分区所要求的破坏应变(με)</td><td rowspan="4">试验方法</td></tr>
<tr><td rowspan="3">年极端最低气温(℃)及气候分区</td><td colspan="2">-21.5～-37.5</td><td>-9.0～-21.5</td><td colspan="2">>-9.0</td></tr>
<tr><td colspan="2">2.冬寒区</td><td>3.冬冷区</td><td colspan="2">4.冬温区</td></tr>
<tr><td>2-2</td><td>3-2</td><td>2-3</td><td>1-4</td><td>2-4</td></tr>
<tr><td>普通沥青混合料,不小于</td><td colspan="2">2300</td><td colspan="3">2000</td><td rowspan="2">T 0715</td></tr>
<tr><td>改性沥青混合料,不小于</td><td colspan="2">2800</td><td colspan="3">2500</td></tr>
</table>

f) 其他沥青混合料技术指标应不低于《公路沥青路面施工技术规范》(JTG F40)、《公路钢桥面铺装设计与施工技术规范》(JTG/T 3364-02)、《季节性冻土地区公路设计与施工技术规范》(JTG/T D31-06)等的有关要求。

10.5.6 施工要点如下:

a) 沥青、集料资源特性及加工特性、矿粉等材料应满足设计及规范要求。

b) 热拌和楼应选择合适的筛网组合,标定各计量系统,充分考虑冷料供料系统和热料生产系统之间的均衡稳定,进行生产配合比的调试。

c) 应控制好"六个度",即原材料加热温度、摊铺机速度、摊铺厚度、碾压压实度、平整度和构造深度。

d) 压实是沥青路面施工的最后一道工序,也是沥青路面施工的关键环节,应配置足够数量及满足吨位要求的压路机,贯彻"紧跟、慢压、高频、低幅"的原则。沥青混合料压实采用基于沥青混合料最大理论密度和马歇尔标准密度双控体系,AC 类压实度不应低于97%,现场空隙率不应大于7%;SMA 压实度不应低于98%,现场空隙率不应大于6%。

e) 桥面沥青铺装层应采用振荡压路机碾压。

f) 应采取措施控制沥青混合料级配离析、温度及施工离析。

g) 表面层横向接缝应采用垂直的平接缝,宜趁尚未冷透时采用风镐或人工垂直刨除端部层厚不足部分,且不得伤及下承层,表面层以下层位可采用自然碾压的斜接缝。搭接长度与层厚有关,宜为0.4～0.8m。

## 10.6 功能层材料及施工

10.6.1 透层、黏层、稀浆封层应符合《公路沥青路面施工技术规范》(JTG F40)有关规定,稀浆封层尚应符合以下要求:

a) 应优选稀浆封层用改性乳化沥青,与集料配伍性好。

b) 集料严禁采用碎石加工时的下脚料,砂当量不应小于65%,筛除集料中超粒径颗粒。

c) 施工前对稀浆封层车进行标定,保证施工时与配合比一致。

10.6.2 同步碎石下封层应符合以下要求:

a) 施工前,应彻底清除原路面的浮浆、灰尘、杂物等,并保持干燥。

b) 沥青技术指标与项目沥青混合料使用的指标相同。

c) 应采用预裹覆的单一粒径碎石,碎石粒径应与加铺沥青混合料的公称最大粒径匹配,碎石撒布量覆盖率宜为50%～70%,最大不超过80%,SBS 改性沥青同步碎石封层集料规格选择及沥青用量可参考表20,沥青及集料用量具体应根据试验段试洒(撒)试铺确定。

表 20　SBS 改性沥青同步碎石封层的集料规格及沥青用量

| 集料规格 | | 封层上加铺层沥青混合料公称粒径(mm) | | | |
|---|---|---|---|---|---|
| | | 9.5 | 13.2 或 16 | 19.0 | 26.5 |
| 4.75～9.5mm | 沥青用量($kg/m^2$) | 1.5±0.2 | 1.6±0.2 | 1.7±0.2 | 1.7±0.2 |
| | 集料用量($kg/m^2$) | 8±2 | 8±2 | 8±2 | 8±2 |
| 9.5～13.2mm | 沥青用量($kg/m^2$) | 1.7±0.2 | — | 1.9±0.2 | 2.0±0.2 |
| | 集料用量($kg/m^2$) | 10±2 | — | 10±2 | 10±2 |
| 注:同步碎石封层采用橡胶沥青为结合料,则橡胶沥青用量应比 SBS 改性沥青增加 0.2$kg/m^2$;如采用普通热沥青作为结合料,则普通沥青用量应比 SBS 改性沥青减少 0.2$kg/m^2$。 | | | | | |

d) 沥青及碎石的洒(撒)布应均匀,沥青洒布量最大偏差不宜超过设计值 ±0.2$kg/m^2$,如发现空白、缺边等洒(撒)布数量不足的情况应及时补洒(撒),局部胶结料或碎石积聚应予以刮除。

e) 碎石撒布后应及时用轻型轮胎压路机碾压成型。

f) 碾压成型后应及时铺筑沥青面层,期间严禁除沥青混合料运料车以外的车辆通行。

10.6.3　桥梁、隧道沥青铺装防水黏结层应符合以下要求:

a) 施工中应保证混凝土面板干燥、洁净。

b) 施工完毕后应严禁车辆通行,防止污染。

## 10.7　质量管理与检查验收

路面结构各层质量管理与检查验收应满足本指南及《公路工程质量检验评定标准　第一册　土建工程》(JTG F80/1)、《公路沥青路面施工技术规范》(JTG F40)、《公路路面基层施工技术细则》(JTG/T F20)、《公路沥青路面再生技术规范》(JTG/T 5521)等的有关要求。

# 附 录 A
## (资料性附录)
## 四川省沥青路面使用性能气候分区

根据《公路沥青路面施工技术规范》(JTG F40)的方法,利用四川省22个具有一定区域代表性的基站及155个气象站点的资料,对四川省沥青路面使用性能气候分区进行细化以供参考,将有助于合理设计及选材。

## A.1 温度分区

通过对四川省气候资料的整理分析,四川省具体划分为1-4、2-2、2-3、2-4、3-2五个气候分区。四川省沥青性能气候分区指标见表A.1,代表性地区的气候分区见表A.2。

表A.1 四川省沥青性能气候分区指标

| 气候型 | 型名 | 8月平均最高气温(℃) | 年极端最低气温(℃) |
|---|---|---|---|
| 1-4 | 夏炎热冬温 | >30 | > -9.0 |
| 2-2 | 夏热冬寒 | 20 ~ 30 | -37.0 ~ -21.5 |
| 2-3 | 夏热冬冷 | 20 ~ 30 | -21.5 ~ -9.0 |
| 2-4 | 夏热冬温 | 20 ~ 30 | > -9.0 |
| 3-2 | 夏凉冬寒 | <20 | -37.0 ~ -21.5 |

A.2 四川省代表性地区的气候分区

| 气候型 | 地区分布 |
|---|---|
| 1-4 | 广元(广元、剑阁、旺苍、苍溪);<br>绵阳(绵阳、梓潼、盐亭、三台);<br>德阳(中江);<br>雅安(汉源);<br>乐山(乐山、犍为、井研、沐川);<br>眉山(仁寿);<br>宜宾(宜宾、南溪、屏山、高县、珙县、筠连、兴文、长宁、江安);<br>泸州(泸州、纳溪、合江、叙永、古蔺);<br>内江(内江、资中、威远、隆昌);<br>资阳(资阳、简阳、乐至、安岳);<br>遂宁(遂宁、射洪);<br>南充(南充、阆中、南部、仪陇、蓬安、营山、西充);<br>达州(达州、万源、宣汉、开江、渠县、大竹);<br>广安(广安、岳池、邻水、武胜);<br>巴中(巴中、南江、通江、平昌);<br>凉山自治州(宁南);<br>攀枝花(攀枝花、米易、盐边) |

A.2 四川省代表性地区的气候分区(续)

| 气 候 型 | 地 区 分 布 |
| --- | --- |
| 2-2 | 甘孜自治州[甘孜、稻城(达登纳垭口以北至理塘)] |
| 2-3 | 甘孜自治州(康定、德格、巴塘、理塘、雅江、道孚、新龙、九龙、白玉、炉霍、乡城);<br>阿坝自治州(马尔康、黑水、理县、茂县、九寨沟、松潘、汶川、壤塘);<br>凉山自治州(美姑、昭觉、布拖) |
| 2-4 | 成都(成都、崇州、温江、都江堰、彭州、蒲江、邛崃、双流、郫都、大邑、新津);<br>广元(青川);<br>绵阳(平武、北川、安县、江油);<br>德阳(德阳、绵竹、什邡、广汉);<br>雅安(雅安、名山、荥经、宝兴、天全、庐山、石棉);<br>乐山(马边、峨边、夹江、峨眉);<br>眉山(洪雅、丹棱、青神、眉山、彭山);<br>甘孜自治州(泸定、得荣、丹巴);<br>阿坝自治州(小金、金川);<br>凉山自治州(西昌、德昌、盐源、木里、冕宁、越西、甘洛、喜德、普格、金阳、雷波、会理、会东) |
| 3-2 | 甘孜自治州[石渠、色达、稻城(达登纳哑口以南至州界)];<br>阿坝自治州(阿坝、若尔盖、红原) |

## A.2 降雨分区

通过对四川省降水量资料的整理分析,四川省具体划分为降雨量 >1000mm、500 ~ 1000mm、250 ~ 500mm 三个区,以及 >1200mm 的一个副区,见表 A.3。

表 A.3 四川省代表性地区降雨分区

| 降雨分区编号 | 年平均降雨量(mm) | 地 区 分 布 |
| --- | --- | --- |
| 1 | 1000 ~ 1200 | 成都(崇州、邛崃、大邑);<br>乐山(马边、犍为);<br>雅安(荥经);<br>广元(剑阁、旺苍、苍溪);<br>绵阳(江油);<br>德阳(绵竹);<br>眉山(眉山、青神);<br>宜宾(宜宾、南溪、江安、长宁、高县、筠连、珙县、兴文);<br>泸州(泸州、合江、纳溪、叙永);<br>自贡(自贡、富顺);<br>内江(内江、资中、隆昌);<br>资阳(安岳);<br>南充(营山、蓬安、仪陇、阆中);<br>巴中(巴中、南江、通江、平昌);<br>达州(达州、宣汉、开江、渠县、大竹、万源);<br>广安(广安、岳池、邻水、武胜);<br>凉州自治州(西昌、冕宁、越西、昭觉、德昌、喜德、普格、布拖、会理、会东);<br>攀枝花(米易、盐边) |

**表 A.3 四川省代表性地区降雨分区(续)**

| 降雨分区编号 | 年平均降雨量(mm) | 地区分布 |
|---|---|---|
| 2 | 500 ~ 1000 | 成都(成都、温江、彭州、郫都、新津、双流、金堂);<br>乐山(峨边、井研);<br>雅安(汉源、石棉、宝兴);<br>广元(广元、青川);<br>绵阳(绵阳、梓潼、平武、三台、盐亭);<br>德阳(德阳、中江、广汉、什邡);<br>眉山(彭山、仁寿);<br>宜宾(屏山);<br>泸州(古蔺);<br>自贡(荣县);<br>内江(威远);<br>资阳(资阳、简阳、乐至);<br>遂宁(遂宁、蓬溪、射洪);<br>南充(南充、南部、西充);<br>甘孜自治州(康定、石渠、甘孜、白玉、色达、炉霍、道孚、新龙、理塘、丹巴、稻城、雅江、泸定、九龙、德格);<br>凉山自治州(木里、甘洛、雷波、盐源、金阳、美姑、宁南);<br>阿坝自治州(马尔康、若尔盖、九寨沟、金川、阿坝、小金、红原、茂县、汶川、黑水、壤塘、理县、松潘);<br>攀枝花(炳草岗) |
| 3 | 250 ~ 500 | 甘孜自治州(巴塘、得荣、乡城) |
| 1a | >1200 | 成都(蒲江、都江堰);<br>乐山(乐山、峨眉、夹江、沐川);<br>雅安(雅安、名山、天全、芦山);<br>绵阳(安县、北川);<br>眉山(丹棱、洪雅) |

## A.3 四川省沥青混合料气候分区

根据气温分区及降雨量分区,四川省沥青混合料气候分区指标见表 A.4。

**表 A.4 四川省沥青混合料气候分区指标**

| 气候型 | 型名 | 8月最高温度平均值(℃) | 年极端最低气温(℃) | 年平均降雨量(mm) |
|---|---|---|---|---|
| 1-4-1 | 夏炎热冬温潮湿 | >30 | > -9.0 | >1000 |
| 1-4-1a | 夏炎热冬温过湿 | >30 | > -9.0 | >1200 |
| 1-4-2 | 夏炎热冬温湿润 | >30 | > -9.0 | 500 ~ 1000 |
| 2-2-2 | 夏热冬寒湿润 | 20 ~ 30 | -37.0 ~ -21.5 | 500 ~ 1000 |
| 2-3-1 | 夏热冬冷潮湿 | 20 ~ 30 | -21.5 ~ -9.0 | >1000 |
| 2-3-2 | 夏热冬冷湿润 | 20 ~ 30 | -21.5 ~ -9.0 | 500 ~ 1000 |

表 A.4　四川省沥青混合料气候分区指标(续)

| 气　候　型 | 型　　名 | 8 月最高温度平均值(℃) | 年极端最低气温(℃) | 年平均降雨量(mm) |
|---|---|---|---|---|
| 2-3-3 | 夏热冬冷半干 | 20～30 | -21.5～-9.0 | 500～250 |
| 2-4-1 | 夏热冬温潮湿 | 20～30 | ＞-9.0 | ＞1000 |
| 2-4-1a | 夏热冬温过湿 | 20～30 | ＞-9.0 | ＞1200 |
| 2-4-2 | 夏热冬温湿润 | 20～30 | ＞-9.0 | 500～1000 |
| 2-4-3 | 夏热冬温半干 | 20～30 | ＞-9.0 | 500～250 |
| 3-2-2 | 夏凉冬寒湿润 | ＜20 | -37.0～-21.5 | 500～1000 |
| 3-3-2 | 夏凉冬冷湿润 | ＜20 | -21.5～-9.0 | 500～1000 |

# 附 录 B
(资料性附录)
沥青选择及技术要求

## B.1 沥青等级选择

改性沥青和普通沥青指标选择宜结合气候条件、交通条件、使用层位及受力特点、施工工法等，结合当地使用经验，经技术论证后确定。对高温持续时间长、重载交通、长大纵坡上坡路段，宜采用黏度较大的沥青，提高高温稳定性；对冬季寒冷地区或交通量小的高速公路，宜选用低温性能好的沥青，当高温要求与低温要求发生矛盾时宜优先考虑满足高温性能的要求。各区域沥青选择可参考表 B.1。

表 B.1 沥青等级或标号选择

<table>
<tr><th>气候分区</th><th colspan="2">区 域</th><th>适用改性沥青PG分级类别</th><th>A级道路石油普通沥青标号</th></tr>
<tr><td rowspan="3">1-4 或 2-4</td><td>四川盆地及盆周山地</td><td>成都、绵阳、德阳、乐山、眉山、自贡、宜宾、内江、泸州、雅安、资阳、遂宁、南充、达州、广安、巴中</td><td rowspan="3">PG76-22</td><td rowspan="3">70 号或 50 号</td></tr>
<tr><td>攀西地区</td><td>凉山自治州、攀枝花</td></tr>
<tr><td>西部高原区</td><td>甘孜自治州：泸定、得荣、丹巴；<br>阿坝自治州：小金、金川</td></tr>
<tr><td rowspan="2">2-3</td><td>西部高原区</td><td>甘孜自治州：康定、德格、巴塘、理塘、雅江、道孚、新龙、九龙、白玉、乡城；<br>阿坝自治州：马尔康、黑水、理县、茂县、南坪、松潘、汶川</td><td rowspan="2">PG70-28</td><td rowspan="2">70 号或 90 号</td></tr>
<tr><td>攀西地区</td><td>凉山自治州：美姑、昭觉、布拖</td></tr>
<tr><td>2-2 或 3-2</td><td>西部高原区</td><td>甘孜自治州：石渠、色达、稻城（达登纳哑口以南至州界）、炉霍；<br>阿坝自治州：阿坝、若尔盖、红原、壤塘</td><td>PG70-28、<br>PG70-34 或<br>PG64-34</td><td>90 号或 110 号</td></tr>
<tr><td colspan="5">注：沥青高温等级的标号选择：气候分区为 1-4 区及长大纵坡较多的路段，宜选择针入度较低的沥青标号；低温等级当海拔多处于 3000m 及以上时，宜选择针入度较大的沥青标号，及 PG 性能分级低温较低的沥青。</td></tr>
</table>

## B.2 沥青指标

B.2.1 SBS 改性沥青技术要求见表 B.2。

表 B.2　SBS 改性沥青技术要求

| 项　　目 | | | 技术指标 | | 测试方法 |
| --- | --- | --- | --- | --- | --- |
| 针入度 25℃(0.1mm) | | 最小 | 50 | 65 | T 0604 |
| 延度 5℃(cm) | | 最小 | 20 | 40 | T 0605 |
| 软化点(℃) | | 最小 | 75 | 60 | T 0606 |
| 运动黏度 135℃(Pa·s) | | 最大 | 3 | 3 | T 0625 |
| 闪点(℃) | | 最小 | 230 | 230 | T 0611 |
| 溶解度(%) | | 最小 | 99 | 99 | T 0607 |
| 离析,软化点差(℃) | | 最大 | 2.5 | 2.5 | T 0661 |
| 弹性恢复 25℃(%) | | 最小 | 90 | 80 | T 0662 |
| 旋转薄膜烘箱加热后残留物 | 质量损失(%) | 最大 | ±1.0 | ±1.0 | T 0610 |
| | 针入度比 25℃(%) | 最小 | 65 | 60 | T 0604 |
| | 延度 5℃(cm) | 最小 | 15 | 25 | T 0605 |
| Superpave 沥青结合料性能试验 | | | | | |
| 原样沥青<br>动态剪切 $G^*/\sin\delta$ 不小于 1.00kPa,<br>@10rad/s,试验温度(℃) | | | 76 | 70 | T 0628 |
| 旋转薄膜烘箱加热后<br>动态剪切 $G^*/\sin\delta$ 不小于 2.20 kPa,<br>@10rad/s,试验温度(℃) | | | 76 | 70 | T 0628 |
| 压力老化后 | 动态剪切 $G^*\sin\delta$ 不大于 5000kPa,@10rad/s,试验温度(℃) | | 31 | 25 | T 0628 |
| | 蠕变劲度 $S$ 不大于 300MPa,蠕变曲线斜率 $m$ 值不小于 0.3,试验温度(℃) | | -12 | -18 | T 0627 |
| 路用性能分级 | | | PG76-22 | PG70-28 | AASHTO M320 |

B.2.2　A 级道路石油普通沥青技术要求见表 B.3。

表 B.3　A 级道路石油沥青 70 号、90 号技术要求

| 项　　目 | | 技术指标 | | 测试方法 |
| --- | --- | --- | --- | --- |
| | | 70 号 A 级 | 90 号 A 级 | |
| 针入度 25℃(0.1mm) | | 60~80 | 80~100 | T 0604 |
| 针入度指数 PI | | -1.5~+1.0 | -1.5~+1.0 | T 0604 |
| 延度 15℃(cm) | 最小 | 100 | 100 | T 0605 |
| 延度 10℃(cm) | 最小 | 15 | 20 | T 0605 |
| 软化点(℃) | 最小 | 46 | 45 | T 0606 |
| 60℃动力黏度(Pa·s) | 最小 | 180 | 160 | T 0620 |

**表 B.3 A 级道路石油沥青 70 号、90 号技术要求(续)**

<table>
<tr><td colspan="3" rowspan="2">项目</td><td colspan="2">技术指标</td><td rowspan="2">测试方法</td></tr>
<tr><td>70 号 A 级</td><td>90 号 A 级</td></tr>
<tr><td colspan="2">含蜡量(蒸馏法)(%)</td><td>最大</td><td>2.2</td><td>2.2</td><td>T 0615</td></tr>
<tr><td colspan="2">闪点(℃)</td><td>最小</td><td>260</td><td>245</td><td>T 0611</td></tr>
<tr><td colspan="2">溶解度(%)</td><td>最小</td><td>99.5</td><td>99.5</td><td>T 0607</td></tr>
<tr><td rowspan="3">薄膜烘箱加热后残留物</td><td>质量损失(%)</td><td>最大</td><td>±0.8</td><td>±0.8</td><td>T 0610</td></tr>
<tr><td>针入度比 25℃(%)</td><td>最小</td><td>61</td><td>57</td><td>T 0604</td></tr>
<tr><td>延度 10℃(cm)</td><td>最小</td><td>6</td><td>8</td><td>T 0605</td></tr>
<tr><td colspan="6">Superpave 沥青结合料性能试验</td></tr>
<tr><td colspan="3">原样沥青<br>动态剪切 $G^*/\sin\delta$ 不小于 1.00kPa,<br>@10rad/s,试验温度(℃)</td><td>64</td><td>58</td><td>T 0628</td></tr>
<tr><td colspan="3">旋转薄膜烘箱加热后<br>动态剪切 $G^*/\sin\delta$ 不小于 2.20 kPa,<br>@10rad/s,试验温度(℃)</td><td>64</td><td>58</td><td>T 0628</td></tr>
<tr><td rowspan="2">压力老化后</td><td colspan="2">动态剪切 $G^*\sin\delta$ 不大于 5000kPa,@10rad/s,试验温度(℃)</td><td>25</td><td>22</td><td>T 0628</td></tr>
<tr><td colspan="2">蠕变劲度 $S$ 不大于 300MPa,蠕变曲线斜率 $m$ 值不小于 0.3,试验温度(℃)</td><td>-12</td><td>-12</td><td>T 0627</td></tr>
<tr><td colspan="3">路用性能分级</td><td>PG64-22</td><td>PG58-22</td><td>AASHTO M320</td></tr>
</table>

B.2.3 高弹改性沥青技术要求见表 B.4。

**表 B.4 高弹改性沥青技术要求**

| 项目 | | 技术指标 | 测试方法 |
|---|---|---|---|
| 针入度 25℃(0.1mm) | 最小 | 40 | T 0604 |
| 延度 5℃(cm) | 最小 | 30 | T 0605 |
| 软化点(℃) | 最小 | 90 | T 0606 |
| 60℃动力黏度[a](Pa·s) | 最小 | 100000 | T 0620 |
| 25℃黏韧性(N·m) | 最小 | 20 | T 0624 |
| 25℃韧性(N·m) | 最小 | 15 | T 0624 |
| 运动黏度 170℃(Pa·s) | 最大 | 3.0 | T 0625 |
| 闪点(℃) | 最小 | 230 | T 0611 |
| 溶解度(%) | 最小 | 99 | T 0607 |
| 离析[b],软化点差(℃) | 最大 | 2.5 | T 0661 |

表 B.4 高弹改性沥青技术要求(续)

| 项　目 | | | 技术指标 | 测试方法 |
|---|---|---|---|---|
| 弹性恢复 25℃(%) | | 最小 | 95 | T 0662 |
| 旋转薄膜烘箱加热后残留物 | 质量损失(%) | 最大 | ±1.0 | T 0610 |
| | 针入度比 25℃(%) | 最小 | 65 | T 0604 |
| | 延度 5℃(cm) | 最小 | 20 | T 0605 |

[a] 对重及以上交通荷载等级,用于排水沥青混合料的高弹改性沥青 60℃动力黏度不宜小于 200000Pa·s。

[b] 储存稳定性离析适用于混溶式高弹改性沥青。

# 附 录 C
（资料性附录）
# 路基标准回弹模量参考值及调整系数

## C.1 路基土标准回弹模量参考值

标准状态下路基顶面回弹模量 $M_R$ 宜按《公路路基设计规范》（JTG D30）的附录 A“路基土动态回弹模量标准试验方法”通过试验获得，如试验条件受限制时，可根据土组类型及粒料类型分别按表 C.1、表 C.2 取回弹模量参考值。

**表 C.1 标准状态下路基土回弹模量参考值**

| 土 组 | 取值范围（MPa） |
| --- | --- |
| 砾（G） | 110～135 |
| 含细粒土砾（GF） | 100～130 |
| 粉土质砾（GM） | 100～125 |
| 黏土质砾（GC） | 95～120 |
| 砂（S） | 95～125 |
| 含细粒土砂（SF） | 80～115 |
| 粉土质砂（SM） | 65～95 |
| 黏土质砂（SC） | 60～90 |
| 低液限粉土（ML） | 50～90 |
| 低液限黏土（CL） | 50～85 |
| 注：对砾和砂，$D_{60}$（通过率为 60% 时的颗粒粒径）大时，回弹模量取高值，反之取低值。对其他含细粒的土组，小于 0.075mm 颗粒含量大和塑性指数高时，回弹模量取低值，反之取高值。 | |

**表 C.2 标准状态下粒料回弹模量参考值**

| 粒 料 类 型 | 取值范围（MPa） |
| --- | --- |
| 级配碎石 | 180～400 |
| 未筛分碎石 | 180～220 |
| 级配砾石 | 150～300 |
| 天然砂砾 | 100～140 |

## C.2 路基湿度调整系数

### C.2.1 路基平衡湿度状况分类

可依据路基的湿度来源分为潮湿、中湿、干燥三类。当地下水或地表长期积水的水位高，路基工作区均处于地下水毛细润湿影响范围内，路基平衡湿度由地下水或地表长期积水的水位升降所控制，路基湿度状态可定为潮湿类路基；地下水位很低，路基工作区处于地下水毛细润湿面之上，路基平衡湿度由气候因素控制,路基湿度状况可定为干燥类路基;中湿类路基的湿度兼受地下水和气候因素影响,路基工作区被地下水毛细润湿面分为上、下两部分,下部受地下水毛细润湿的影响,上部则受气候因素影响。

### C.2.2 潮湿类路基的平衡湿度

可根据路基土组类别及地下水位高度,按表C.3确定距地下水位不同高度处的饱和度,潮湿类路基的回弹模量湿度调整系数 $K_S$ 可按表C.4查取。

表C.3 各路基土组距地下水位不同高度处的饱和度(%)

| 土组 | 计算点距地下水或地表长期积水水位的距离(m) | | | | | | |
|---|---|---|---|---|---|---|---|
| | 0.3 | 1.0 | 1.5 | 2.0 | 2.5 | 3.0 | 4.0 |
| 粉土质砾(GM) | 69~84 | 55~69 | 50~65 | 49~62 | 45~59 | 43~57 | — |
| 黏土质砾(GC) | 79~96 | 64~83 | 60~79 | 56~75 | 54~73 | 52~71 | — |
| 砂(S) | 95~80 | 70~50 | — | — | — | — | — |
| 粉土质砂(SM) | 79~93 | 64~77 | 60~72 | 56~68 | 54~66 | 52~64 | — |
| 黏土质砂(SC) | 90~99 | 77~87 | 72~83 | 68~80 | 66~78 | 64~76 | — |
| 低液限粉土(ML) | 94~100 | 80~90 | 76~86 | 83~73 | 71~81 | 69~80 | — |
| 低液限黏土(CL) | 93~100 | 80~93 | 76~90 | 73~88 | 70~80 | 68~85 | 66~83 |

表C.4 潮湿类路基的回弹模量湿度调整系数 $K_S$

| 路基部位 | 土质类型 | | | |
|---|---|---|---|---|
| | 砂 | 细粒土质砂 | 粉质土 | 黏质土 |
| 路基工作区顶面 | 0.8~0.9 | 0.5~0.6 | 0.5~0.7 | 0.6~1.0 |
| 路基工作区底面 | 0.5~0.6 | 0.4~0.5 | 0.4~0.6 | 0.5~0.9 |
| 注:砂的回弹模量湿度调整系数,$D_{60}$大时取高值,反之取低值;细粒土质砂的细粒含量大、塑性指数高时取低值,反之取高值;粉质土和黏质土时,路基高度低时取低值,反之取高值。 | | | | |

### C.2.3 干燥类路基的平衡湿度

可根据路基所在自然区划的湿度指标TMI和土组类别确定,不同自然区划的TMI值可参考表C.5查取,根据表C.6插值查取相应的路基饱和度,从而由表C.7查取干燥类路基的回弹模量湿度调整系数。

表C.5 不同自然区划的TMI值范围

| 区划 | 亚区 | 主要包括的区域 | TMI |
|---|---|---|---|
| V | V1 | 广元:旺苍、青川;<br>绵阳:平武、北川;<br>巴中:南江、通江;<br>达州:万源;<br>阿坝自治州:汶川、茂县、理县 | -25.1~6.9 |

### 表 C.5　不同自然区划的 TMI 值范围(续)

| 区划 | 亚区 | 主要包括的区域 | TMI |
|---|---|---|---|
| Ⅴ | Ⅴ2 | 德阳、南充、遂宁、广安、资阳、内江、自贡；<br>成都：成都、崇州、金堂、彭州、简阳、新津；<br>眉山：彭山、仁寿、青神；<br>乐山：井研；<br>泸州：泸县、纳溪、合江；<br>绵阳：安州、江油、三台、梓潼、盐亭；<br>广元：剑阁、苍溪；<br>巴中：巴中、平昌；<br>达州：大竹、开江、宣汉、渠县；<br>宜宾：长宁 | 0.9～30.1 |
| Ⅴ | Ⅴ2a | 成都：大邑、邛崃、蒲江、都江堰；<br>雅安：雅安、荥经、名山、石棉、汉源、天全、芦山、宝兴；<br>眉山：丹棱、洪雅；<br>乐山：峨眉、夹江、峨边、沐川、犍为；<br>宜宾：屏山 | 39.6～43.7 |
| | Ⅴ3 | 泸州：叙永、古蔺；<br>宜宾：珙县、兴文、筠连、高县、南溪 | 12.0～88.3 |
| | Ⅴ4 | 凉山自治州：甘洛、越西、马边、雷波、美姑、喜德、昭觉、布拖、金阳、普格、宁南、会理、会东；<br>攀枝花：米易、盐边 | －2.6～50.9 |
| Ⅶ | Ⅶ3 | 阿坝自治州：松潘、九寨沟、金川、小金、黑水、马尔康、红原、阿坝、若尔盖、壤塘；<br>甘孜自治州：色达、石渠 | －22.5～82.8 |
| | Ⅶ5 | 甘孜自治州：康定、泸定、丹巴、九龙、雅江、道孚、炉霍、甘孜、新龙、德格、白玉、理塘、巴塘、乡城、稻城、得荣 | －20.3～91.4 |

### 表 C.6　各路基土组在不同 TMI 值的饱和度(%)

| 土　组 | TMI | | | | | |
|---|---|---|---|---|---|---|
| | －50 | －30 | －10 | 10 | 30 | 50 |
| 砂(S) | 20～50 | 25～55 | 27～60 | 30～65 | 32～67 | 35～70 |
| 粉土质砂(SM)<br>黏土质砂(SC) | 45～48 | 62～68 | 73～80 | 80～86 | 84～89 | 87～90 |
| 低液限粉土(ML) | 41～46 | 59～64 | 75～77 | 84～86 | 91～92 | 92～93 |
| 低液限黏土(CL) | 39～41 | 57～64 | 75～76 | 86 | 91 | 92～94 |

表 C.7　干燥类路基的回弹模量湿度调整系数

| 土　组 | TMI | | | | | |
|---|---|---|---|---|---|---|
| | -50 | -30 | -10 | 10 | 30 | 50 |
| 砂(S) | 2.31~1.84 | 1.14~1.80 | 1.02~1.77 | 0.93~1.73 | 0.86~1.69 | 0.8~1.64 |
| 粉土质砂(SM)<br>黏土质砂(SC) | 1.59~1.65 | 1.10~1.26 | 0.83~0.97 | 0.73~0.83 | 0.70~0.76 | 0.70~0.76 |
| 低液限粉土(ML) | 1.35~1.55 | 1.01~1.23 | 0.76~0.96 | 0.58~0.77 | 0.51~0.65 | 0.42~0.62 |
| 低液限黏土(CL) | 1.22~1.71 | 0.73~1.52 | 0.57~1.24 | 0.51~1.02 | 0.49~0.88 | 0.48~0.81 |

### C.2.4　路基总的回弹模量湿度调整系数

中湿类路基的平衡湿度由路基工作区上部和下部的平衡湿度,再以厚度加权平均计算路基的平衡湿度。中湿类路基的回弹模量湿度调整系数可按路基工作区内两类湿度来源的上部和下部分别确定其湿度调整系数,并以路基工作区上、下部的厚度加权计算路基总的回弹模量湿度调整系数。

## C.3　干湿循环或冻融循环条件下路基土模量折减系数

干湿循环或冻融循环条件下路基土模量折减系数 $K_{\eta}$ 的确定宜符合以下要求:

a) 干湿循环或冻融循环条件下路基回弹模量折减系数取值范围为0.7~0.95。

b) 干湿循环条件是指非冰冻区,折减系数与路基湿度状态、土质类型和可能的失水率等密切相关,潮湿、中湿状态的细粒土,可能的失水率较大时,折减系数取小值;干燥状态的细粒土,可能的失水率较小时,折减系数取较大值;粗粒土(如砂砾)折减系数取大值。

c) 冻融循环条件是指季节性冻土区,折减系数与冻结温度、路基湿度状态、土质类型等密切相关,轻冻区干燥状态细粒土路基,折减系数取较大值;重冻区潮湿、中湿状态细粒土路基,折减系数取小值;粗粒土折减系数取大值。